AF359082

# LES QUARTS-D'HEURES

## *D'UN*

## JOYEUX SOLITAIRE:

### *OU*

# CONTES

## *DE Mr. ****

---

*Castum esse decet ... Poëtam*
*Ipsum, versiculis nihil necesse est.*
CATULL.

---

## A LA HAYE

---

## M. DCC. LXVI.

# *AU LECTEUR.*

Bien des gens qui ne lifent jamais de Préface, feroient cependant fâchés de ne pas trouver à la tête de cette brochure quelque chofe qui en eût au moins l'air. En Auteur exact & inftruit des bienféances je vais rendre compte au public de mes intentions, & de l'hiftoire de cette petite édition. Je n'ai eû d'autre but en m'égayant dans les Contes, qu'on lira, fi on le juge à-propos, que de m'amufer moi-même, voilà mon objet, & ma philofophie ne connut jamais que celui-là. On a crû apparemment que je pourrois en amufer d'autres, & je ne veux point tromper le public en déguifant ici le fin connaiffeur qui a eû cette bonne opinion de mes petits ouvrages. Le croira-ton ? C'eft mon valet de chambre. Le frippon, qui met quelquefois le nez dans mes papiers, a jugé à-propos d'en traiter avec un colporteur, encore plus frippon que lui. Il a ainfi produit au grand jour ce que j'avois

fait dans le silence, pour égayer quelques bons intervales, que me laisse ra-
rement une goutte aussi ancienne dans
ma famille que le goût du plaisir. Quand
je ne puis agir, je pense, & mon ima-
gination me sert assez bien, lorsque le
reste de ma machine est forcé à l'inac-
tion. Elle a enfanté ces petits Contes,
& il n'est pas douteux qu'elle n'en en-
fante encore plusieurs autres.

Je crois, Lecteur, avoir tout dit, à
moins que vous ne vouliez que j'ajoute
que mon voleur litteraire a encore
assez compté sur ma bonté, pour venir
me demander une épigraphe & une
Préface. Il falloit cela, en effet, pour
que l'edition fût dans les régles. Pour
l'épigraphe, je l'ai renvoyé au docte M...
qui en a un magasin, au service des
auteurs François qui n'entendent pas
assez le latin pour donner, par eux-
mêmes, ce relief à leurs ouvrages. Pour
la Préface, elle est de moi ; mais je
crains bien qu'elle ne me coûte un
nouvel accès de goutte, pour l'avoir
faite, & à vous, un accès d'ennui,
pour l'avoir lue.

# LA DAME FIDELLE,
## *CONTE.*

Laissez-moi prendre un doux baiser
Sur cette bouche si merveille ,
Disoit un Cavalier, l'autre jour , à l'oreille
D'une Dame portée à ne pas refuser.
Non, je ne puis, Monsieur , vous l'accorder ,
    dit-elle ;
    Cette bouche que vous voyez ,
Promit à mon mari d'être toujours fidelle ,
Le serment qu'elle a fait , quoique vous en
    croyez ,
En se livrant à vous, la rendroit criminelle.
Mais il en est bien autrement ,
    D'une bouche couleur de rose ,
    Qui ne parle qu'à porte close ,
Et qui ne céde point à l'autre en agrément.
    Or , celle-ci pour bonne cause ,
    N'a jamais fait pareil serment.

A iij

Ah ! contre mon devoir c'est en vain qu'on

me tente ;

La bouche qui promit, Monsieur, n'est pas

mon bien ;

Vous voulez un baiſer, Eh bien prennez-en

trente

A celle qui ne promit rien.

---

# LA SERVANTE EXCUSÉE.

DANDIN, bon-homme Champenois,

Et du nombre de ceux que la joie accom-

pagne,

Avoit, pour ſes amis de choix,

Reſervé, dans ſa cave, un tonneau de Cham-

pagne.

Sa ſervante *Nanon* forma le beau deſſein

De goûter, ſeulement une fois, ce bon vin ;

Mais le plaiſir conduit plus loin qu'on ne ſou-

haite.

Elle y revint, & fut tôt indiſcrete.

Tant elle en but, tant elle s'en donna ;

Qu'au moindre coup le tonneau réſonna.

La troupe vint ; Dandin deſcend vîte à la cave,

Comptant, le verre en main, chanter plus d'un

Octave.

D'une main affurée, il perce le tonneau ;
Quel fut fon défefpoir ! quelle fut fa furprife !
Hélas ! il n'en coula ni vin vieux, ni nouveau.

Après quelques fermens compofés à la guife
    D'un buveur qu'on réduit à l'eau,
Il appelle Nanon, lui raconte la chofe ;
De ce malheur , dit-il, Nanon, cherchons la
    caufe.

Le tonnneau , dit le Drôle, eft fans doute fen-
    du :
N'en doutez pas , Monfieur, le vin s'eft ré-
    pandu.
Il cherche , mais en vain ; pas la moindre ou-
    verture
Qui puiffe de Nanon appuyer l'impofture ;
Enfin las de chercher de la main & des yeux,
Monte fur le tonneau, dit-il, tu verras mieux.

    Nanette monte , & dans la crainte,
Que fon peu d'action ne decouvrit fa feinte ;
    De tous côtés à gauche , à droit,
    Tant fe déméne & fe fatigue ,
    Qu'en découvrant certain endroit,
    Son maître d'en bas apperçoit
Cette fente que vit le Diable en Papefigue.

Ah ! dit notre homme confolé ;
Notre recherche a rempli notre attente
Defcens, Nanon, je vois la fente ;
Par où mon vin s'eft écoulé.

---

# LE MÉCOMPTE,

## O U

## L'ÉPOUSE NOVICE.

Du fou, de même que du fage,
Le vœu le plus commun, & le moins exaucé
Eft, en fe mariant, d'avoir un pucelage ;
Mais l'Amant d'ordinaire en fait fon appa-
nage
Avant que le Notaire en ait au fiancé
Paffé le bail, felon l'ufage.

L'Abbé furtivement,
Le guerrier brufquement,
Le Moine, quand il peut, aux maris efcamote
Ce peu de chofe, où rien, qui, je ne fçais
comment,
Du genre-humain fait la Marôte.

Il fut cependant un Robin,
   Qui, le même defir dans l'ame,
   Forma le fingulier deffein,
De prendre ce Phénix dans le lit de fa femme;
   Il fit fi bien qu'il réuffit,
Et la belle Novice, à la premiere nuit,
   Sentit qu'au fonds de fa retraite
Cet * oifeau, vivement par un autre affailli,
   Cédoit la place à l'ennemi,
   Qui chanta huit fois fa défaite.


Le matin à régret, pour juger un procès,
   Le Magiftrat monte au Palais ;
Sans doute il crût laiffer la Dame fatisfaite ;
   Mais il ignoroit le complot
D'une troupe femelle, aguerrie, & jaloufe
Qu'un pucelage échut au mari pour fon lot :
On vouloit dans l'efprit de l'innocente époufe
   Mettre le Robin en défaut.

---

* Un homme de lettres que fon *Efprit* a rendu fort
célebre, m'a critiqué ce vers. On peut bien, m'a-t'il dit,
comparer un pucelage à un oifeau qui s'envole quand
les plumes lui viennent ; Mais on ne peut pas faire deux
oifeaux de deux pucelages, à moins qu'il n'y en ait un
de proie. Je laiffe au lecteur à decider la queftion.

Adonc plufieurs de fes amies,
Pour cet effet, vinrent la voir,
Et de plus brûlant de fçavoir
Le fecret de la nuit & des faintes Orgies,
Et toutes à l'inftant de demander *Combien* ?
Ce *Combien* eft fort énergique,
Et le fexe l'entend fans que mieux on l'ex-
plique.

Huit fois, répond la Dame, & je compte fort
bien.
Hélas ! quelle eft notre furprife,
Dirent-elles alors ; quoi, ce n'eft que cela ?
Quoi, ce n'eft que huit fois qu'il vous l'a planté
là !
Jufqu'à ce point il vous méprife !
Mais non, vous êtes belle, il eft donc un
vaurien.

Ah ! quel mari, quel pauvre Sire !
Pour votre honneur, & pour le fien
Gardez-vous jamais d'en rien dire.

Que votre époux, dit l'une, eft du mien diffé-
rent,
Il parfait, quand je veux, la douzaine & demie,
Et le nombre de huit eft le compte courant
Qu'il augmente à ma fantaifie.

Deux douzaines, dit l'autre, à la premiere
nuit,
M'annoncerent du mien quel est le sçavoir
faire,
La nature depuis prompte à le satisfaire,
Lui prodigue ses dons qu'il tourne à mon profit,
Une troisieme renchérit,
Et les autres encor de douzaine en douzaine,
Allerent presque à la centaine.

Le trait ainsi lancé, la troupe disparut,
Et laissa la Novice en rut,
Car l'eau lui venoit à la bouche
De tant de douzaines d'exploits
Qu'à d'autres a produit la nuptiale couche.

Une premiere nuit, huit misérables fois !
Disoit-elle, est-ce ainsi qu'on traite un puce-
lage ?
Avec assez d'attraits, au printems de mon âge,
D'un tel époux, pour moi, falloit-il faire choix ?
Non, il n'est pas le mien ; selon toutes les
loix,
Son impuissance me dégage.

A ces mots, elle fit couler des pleurs de rage,
Quand sa Mere survint, & lui dit : pleures-tu

Du mal que ton époux dans une ardeur trop

        vive,

T'a fait en dégageant la volupté captive

De l'étroite prison où la mit ta vertu ?

Ah ! non , ma Mere, non ; C'est un mal que

        j'ignore,

Mes pleurs ont un motif plus noble & plus

        puissant ,

C'est que je tiens de vous un mari que j'ab-

        horre ,

        En un mot , il est impuissant.

A ce mot d'*impuissant* la douleur, la colére,

        Dans le cœur de la tendre Mere,

        Se succédent tour à tour ,

Et de son cœur parvinrent sur sa bouche ;

De ce funeste hymen elle maudit le jour ;

La rage sur le front, & le regard farouche ;

        Elle insultoit dans son courroux ,

Le destin , elle-même , & plus encor l'Epoux ;

Lorsque parut , sortant de l'audience ,

Le Robin glorieux d'avoir, en conscience ,

        Fait le devoir du Sacrement ,

        Et ne se doutant nullement ,

        L'ètre coupable d'impuissance.


Ah ! traître , lui dit-elle , oses-tu voir le jour

        Qui suit la nuit qui t'humilie ?

                     Va

Va cacher dans les bois, ton inutile amour,
    Ta foiblesse & ton infamie.
    Hélas ! ta physionomie,
Annonçoit à ma fille une extrême vigueur ;
Ce nez long, ce teint brun, cette robuste allure,
    M'étoient garands de son bonheur ;
    Tout cela n'est donc qu'imposture,
    Qu'un jeu trompeur de la nature,
Qui ne t'a que de l'homme accordé la couleur.
Tu sçavois bien cela : tu sçavois que ma fille
Etoit le seul espoir qui reste à ma famille,
Cruel ! à toutes deux que tu nous fais grand
    tort !
A ma posterité tu vas donner la mort,
    Et grace à ta langueur mortelle,
Après toute une nuit d'une attente cruelle,
    Ma fille, quel malheureux sort !
Ma fille, le dirai-je ? est encore pucelle.

    Pucelle ? dit le mari qui sourit,
Si votre fille l'est, il faut donc, qu'en son nid,
    L'inaccessible pucelage
    Soit si fortement attaché,
    Que par le plus ferme courage,
    Il ne puisse être deniché ;
    Ou, que par grace singuliére,
Elle en eut tout au moins à perdre plus de huit

B

Car, Madame, la nuit derniére;
Apprenez que j'aurois détruit
Huit pucelages de bon compte;
S'ils se fussent trouvés dans le même reduit,
Et quand on a, dans une nuit,
Accompli huit fois le déduit,
Je pense que l'on peut, se dire homme sans
  honte.
Huit fois, si j'ai sû bien compter,
Dit la fille, il est vrai, vous avez pris la peine,
De me payer le droit d'aubaine,
Voilà bien de quoi vous vanter !
Demandez à *Cloris*, à *Flore*, à *Céliméne*,
Leurs trois maris, à moins d'une double dou-
  zaine,
N'ont jamais crû les contenter ;
Je les vaux bien, ne vous déplaise,
Et ne suis pas assez niaise,
Pour croire suffisant un nombre si chétif ;
On ne vient pas, Monsieur, à bout d'un pu-
  celage,
Avec aussi peu de courage,
Il faut pour le dompter un vainqueur plus
  actif.

Par S. Jean, qu'est-ceci ? dit la mere ébaubie,
A quel prix mets-tu tes appas ?

Tu crois avoir encor… La plaifante folie !
Ta fleur que par huit fois ton mari t'a ravie ?
    Deux Carmes ne fuffiroient pas,
    A fatisfaire ton envie.

    Sans doute quelque efprit badin,
    T'a fait du pouvoir mafculin
    Une hyperbole magnifique.
    Il te faudra bien décompter,
    Tu l'apprendras bientôt par la pratique ;
Bientôt tu le verras réduite à fouhaiter
L'infipide unité, par grace fpécifique.
    Ne te plains pas de ton deftin,
Car, pour toi, peut-il être aujourd'hui plus
        benin ?
Huit fois dans une nuit ? L'offrande eft fort
        honnête,
    Sur tout de la part d'un Robin ;
    N'eft pas qui veut en telle fête.
    Novice encor, c'eft bien à toi
De te plaindre du choix que je t'ai voulu
        faire,
    Hélas ! avec ton pauvre pere,
    Le fit-on auffi bon pour moi.

## LE CHANTRE D'A***.

Certain Abbé, dans un Chapitre,
Etoit gagé pour louer Dieu.
Modique étoit le prix de sa voix au St. lieu;
Mais le Chantre esperoit chaque jour, à ce
        tître,
    De parvenir au nombre des élus,
    Et que, pourvû d'un bénéfice,
    A son tour, il seroit exclus
    De l'honneur de chanter l'Office.

    Ce n'étoit-là tout son sçavoir;
Auprès d'une fillette aguerrie ou Novice,
Le verre en main, il faisoit beau le voir;
    C'étoit l'amour, ou le Dieu de la tonne,
    Qu'on voyoit en personne.
Par quoi, chaque Chanoine avoit conçu pour
        lui
    Estime grande, & le trouvoit de mise
A ces festins secrets, où tout homme d'Eglise,
    Au tems passé, comme aujourd'hui,
    Abandonne son ame éprise

Aux charmes de la volupté,
L'orfqu'il peut de fes fens ufer en liberté.


Chaque Chanoine à part, promettoit fon fuf-
      frage
    A notre Abbé réjouiffant;
    Mais au bénéfice vaquant,
Les membres affemblés du faint Aréopage
    Nommoient un autre prétendant.
    Tantôt c'étoit un jeune prêtre
Né d'un pere inconnu, mais facile à connoître,
    Qu'au Chantre il falloit préférer ;
Tantôt certain Abbé dont la mere, à bon titre,
Avant fon mariage, avoit fû s'attirer
    La bienveillance du Chapître.


    Tantôt ceci, tantôt cela,
    Faifoit, malgré tant de promeffes,
    Que le Chantre demeuroit là.


Mal payé de fa voix, & de fes gentilleffes,
D'un fi frivole efpoir enfin defabufé
    Il voulut leur faire connoître
    Qu'il n'étoit fi mal avifé ,
    Qu'à leurs yeux, il paroiffoit être,
    Et par un trait bien aiguifé,
De leur façon d'agir les corriger peut-être,

Voici comme il s'y prit : il fit à chacun
    d'eux
    Visite avec cérémonie.
Monsieur, dit-il, je fus assez heureux
Que depuis que l'Eglise est par moi desservie,
    Votre généreuse amitié
    M'ait voulu mettre de moitié
Dans vos fréquens banquets dont j'ai l'ame
    ravie ;
Je vous dois les momens les plus doux de ma
    vie ;
    Sur vos chapons, sur vos perdraux,
Mille fois j'ai pressé l'orange qui releve
    Le goût de nos palais dévots ;
    Et du vin des meilleurs côteaux
Autant de fois chez-vous j'ai savouré la séve.

Je serois un ingrat si du moins une fois
Je n'allumois pour vous le feu dans ma cuisine ;
Je ferai de mon mieux pour depeupler les bois
D'habitans dont la chair soit noire, tendre &
    fine ;
J'aurai provision de la liqueur divine
Dont Noé rechauffoit son gosier autrefois ;
J'éspere que Dimanche, au sortir de la Messe,
Vous voudrez bien, Monsieur, accepter mon
    diner ;

Si je ne le fais point avec delicatesse,
C'est du moins de bon cœur que je veux le
donner.

Un Chanoine jamais a-t'il fait la folie
De refuser, quand on l'en prie,
L'offre d'un bon dîner fait à son appétit ?...
Chacun accepte donc ; mais puis on réflechit
Sur les minces pouvoirs de celui qui convie ;
A cette seule idée on s'effraye, on frémit,
Et par précaution chacun, en homme sage,
Le Dimanche venu commande son potage.
Midi sonnant, ainsi qu'il avoit sû prévoir,
Le Chantre voit, en son manoir,
Venir trente jeunes Servantes
De leur maître portant les soupes succulentes.

Alors, assuré de succès
De tant de soupes différentes
Il en fait une seule ou porraux, choux, navets,
Oignons, pois, haricots, faisoient le plus
étrange
Et le plus dégoûtant mêlange
Que convives virent jamais.

La troupe vient. On sert la soupe multiforme
Dans un chaudron d'une ouverture énorme.

A cet aspect affreux Chanoines de crier,
De tempêter, d'injurier.
Chapitre n'eût jamais tant de peur pour son
ventre.

Ah ! ne vous fâchez pas, Messieurs, leur dit
le Chantre.
Quoi! vos potages réunis
Troublent si fort vos appétis ?
Chaque potage à part, eut été bon sans doute,
Chacun de vous est bon aussi,
Car d'obliger un bon ami
La promesse point ne vous coûte.

Pourquoi trouver mauvais ces potages mêlés ?
On doit aimer qui nous ressemble.
Valez - vous mieux, Messieurs ? quand vous
êtes ensemble,
Ce sont potages rassemblés.

C'est-là ce qu'aujourd'hui j'ai voulu vous ap-
prendre,
Je vous ai promis un dîner,
Mais promettre n'est pas donner,
Votre exemple est si bon à prendre !
Vous en dînerés mieux demain ;
Et pour moi qu'a lassé l'espoir de vos largesses,

J'abandonne votre lutrin ,
A d'autres faites vos promeſſes
Je ne chanterai plus en vain.

---

# LES DEUX ROBES.

Un jeune Cordelier revenant de Comdon ,
Et non aſſez inſtruit des droits de ſon Cordon ,
Rendoit compte au gardien des frais de ſon
voyage.
Le vieux Moine ayant lû le revers & la page ,
Etonné s'écria : qu'eſt-ce donc que ceci ?
Frere , par quel malheur ne vois-je point ici
Nul article de culetage ?
Notre froc ſur le corps d'un Moine de ton âge
Auroit-il perdu ſa vertu ?
A cette robe enfin dont on t'a revêtu
Aurois-tu fait l'affront de manquer de courage ?

Ah ! pere Révérend , dit notre voyageur ,
C'eſt cette robe là qui m'a porté malheur ;
J'avois d'une jeune innocente
Adroitement ſéduit le cœur ,
Et trompé d'une vieille tante
L'importunité vigilante ;

J'avois contre le mur adossé mon Agnés;
Mon sang rapidement coulant de veine en veine
Clairement me disoit : *allons , frere , Cognés.*
Je veux lever sa robe & veux lever la mienne;
Mais la sienne m'échappe & couvre son devant;
   De nouveau je leve la sienne ,
Mais la mienne aussitôt s'échappe également.
   Enfin alternativement
Levant & relevant ou l'une ou l'autre robe;
   Je perds le fortuné moment ,
Et d'un bruit qui survint la belle s'effrayant;
   A tous mes efforts se dérobe.

Butor ! dit le *Pater* les yeux de rage ardens ,
Et que ne prennois-tu ta robe avec les dents !

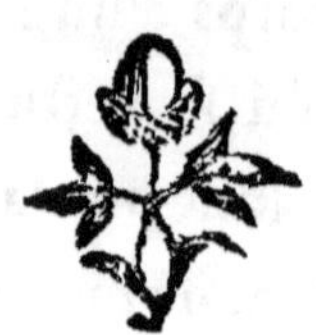

# LA VÉRITÉ AU FONDS DU PUITS.

SOUVENT l'occasion fournit à la pensée
Quelque refléxion sensée.
Le Sot ne sent point ce bonheur,
Mais le Philosophe en profite.
Ainsi fit autrefois ce célébre rieur
Que l'on appelloit Democrite.

Un jour d'été ce sage apperçut son voisin
Qui déscendoit deux flacons de son vin
Au fonds d'un Puits, sans doute pour défendre
Son gosier altéré des ardeurs du Lion.
Démocrite admira cette précaution ;
Mais admirer est-ce assez pour un sage ?
Il voulut voir dans le moment
Si la fraîcheur de l'eau pouvoit subtilement
A travers la fougére aller jusqu'au breuvage
Qui ramene en nos cœurs & les ris & les jeux.
Du fonds du Puits il tire une bouteille ;
Puis l'autre, & les rend toutes deux
Vuides de la liqueur vermeille.

Il ne s'étoit jamais vû de si belle humeur,
Et n'avoit ri de si bon cœur.
Il dit maint quolibet contre la race humaine,
Et dans le fort de sa gaîté,
Oh ! pour le coup, dit-il, la maxime est cer-
taine ,
Ce n'est qu'au fonds d'un Puits que gît la vé-
rité.

---

# LA FORCE DE LA VÉRITÉ

L A sœur Doucette, & la sœur S. François ,
En veillant la Mere Aspasie,
Qui touchoit à la fin d'une longue agonie ,
Disputoient sur l'outil qui fait Papes & Rois.
L'une disoit les gros sont ceux que je préfere,
Je les trouve délicieux.

L'autre disoit, les longs nous chatouillent bien
mieux ,
Ils vont jusques au fond du jardin de cythère.
L'agonisante , à ce propos ,
Rassamblant un reste de vie,
Ouvre la bouche , & puis s'écrie ,
Les meilleurs sont , grands Dieux ! ceux qui
sont longs & gros.
IMITATION

# IMITATION

## *D'UNE ÉPIGRAMME GRECQUE.*

Un Curé fort camus, pour chasser le dé-
    mon
Du corps d'un possédé, disoit mainte oraison ;
Mais le malin esprit est sourd à son langage,
    Et rit de sa dévote rage.
L'exorciseur pourtant le força de partir,
    Car si forte étoit son haleine,
Que le Démon n'y pouvant plus tenir,
Sortit, & délivra le triste énerguméne.

# SONGE

### *A MADAME R. . . . :*

DANS mes bras, cette nuit, le croirez-
vous, Madame ?
Votre cœur répondoit au mien ;
Cher Amant, disiez-vous, tendre objet de ma
flâme,
Approche, embrasse-moi : que le plus doux
lien
Unisse mon cœur & le tien ;
Verse le plaisir dans mon ame,
Triste raison, tais-toi, je n'écoute plus rien.
Hélas ! vous n'étiez plus cette belle farouche,
Qui dédaignoit mes tendres feux ;
Vous me laissiez sur votre bouche
Sucer le nectar amoureux.
Sur vos lèvres demi-closes,
L'Amour avoit déja fait passer son ardeur ;
Déja sur votre sein je respirois l'odeur
Des lys, des jasmins, & des roses ;
Et le Dieu des Jardins de son sceptre indompté
Séparant, à mes yeux, une double barrière,
S'introduisoit dans la carrière

Qui conduit à la volupté ;
Enfin mon ame toute entière,
Hors de moi s'élançoit avec rapidité ;
Quand un bruit importun a terminé mon songe,
Et toute ma félicité.
Mais vous, chere R. . . . faite d'un beau men-
songe,
La plus heureuse vérité.

# LES DEUX PETS.

TANT s'en faut que toujours la fin d'une
avanture
Réponde à son commencement,
Telle promet d'abord une volupté pure,
Qui se termine en un tourment.
Bien l'éprouva *Damon*, Français & Gentil-
homme ;
Car tout Français est ou Comte ou Marquis,
Ou Gentilhomme, au moins, en quittant son
pays ;
Et celui-ci se disoit tel à Rome.

Or, comme bien savez, un Français n'est pas
homme,
A se laisser ronger d'ennuis ;

Il choisit donc une Laïs,

Qui, moyennant certaine somme,

L'admit au rang des Favoris.

A Rome, comme ailleurs, femme qui sait son
prix,

Ne livre rien, sans sçavoir comme.

A demain, lui dit-elle, & selon vos désirs,

Je vous préparerai la voie

Qui conduit aux plus grands plaisirs;

Apportez seulement argent, vigueur & joie,

Et vous verrez beau jeu, si la corde ne rompt.

Croyez que le Galant ne manqua d'être prompt

Au rendez-vous. Il l'a trouva parée

De la façon que cythérée

Reçoit le Dieu Mars dans ses bras;

Une moitié de ses appas.

Se trouvoit assez éclairée;

Pour que l'autre, qu'on ne voit pas;

Fut par le Galant désirée.

Un soupé fin, tel qu'il le faut;

Dans les plaisirs d'un tête à tête,

Fut le prélude de la Fête

Que payoit bien notre Ribaud.

Ils mangerent assez; mais ils ne bûrent guère;

Longue nuitée & court repas

C'est ainsi qu'on fait à Cythère,

Lorsqu'on s'y prépare aux ébats.

Enfin notre bonne Commère
Reçut Damon entre ſes draps.
Ah , quelle volupté s’emparant du Compère
Le défrayoit de ſes ducats !
Tous ſes ſens occuppés de l’amoureuſe affaire ,
A de ſi grands tranſports livroient ſon ame en-
tière ,
Qu’il paroiſſoit devenu fou ;
Les Amours libertins , regardant ſon derrière ,
En un coin , rioient tout leur ſou.


Cependant la Laïs romaine
Gagne ſon argent de ſon mieux ,
Et , d’un mouvement gracieux ,
Aide l’Agent qui ſe démène ,
Lorſque du ſouterrain tout d’un coup part un
bruit ,
Qui de Damon l’oreille bleſſe.
Redoutant les effets de quelqu’odeur traîtreſſe ,
Il alloit quitter le déduit.
Quoi ! ce bruit vous fait peur , dit elle ;
Sachez qu’on aime ici les plaiſirs réunis.
Continuez , Damon : c’eſt un régal exquis ,
Que , pour votre odorat , a préparé mon zèle.
Mettez ſans crainte votre nez

Dans les draps parfumés d'une essence nou-
    velle,
    Et ce bruit que vous soupçonnez
    Est l'heureux signal qui l'appelle.
Il la crut, & fit bien alors de s'y fier.
    Une délicate vessie,
    Pleine de parfums d'Arabie,
Qu'avoit pressée à propos son fessier
Avoit causé le bruit qui venoit d'effrayer
Damon, dans le moment le plus doux de sa vie.
    On appelle cela pet artificiel,
    Ordinaire galanterie
    De toute femme d'Italie,
    Qui fait un trafic corporel.
    Cette volupté réunie
Mit le comble au plaisir de l'Amant sensuel.
    Après un petit intervalle,
    Notre brave & vigoureux mâle,
    Se met à reprendre le jeu,
    Qui, par malheur, dure si peu.
    Un second bruit vient frapper son ouie;
Nez aussi-tôt de plonger dans le lit
    Pour cueillir à point tout le fruit
    De la précieuse ambroisie.
Mais pour le coup ce fut un pet au naturel,

Qui, fortant chaudement de la région fale,
  Fit un atmofphère mortel
D'atômes empreignez de matières fécale ;
Pour furcroit de malheur encore plus cruel,
  Un humide fubftantiel
S'attachant à l'engin trop voifin de la fource
Abbattit fa vigueur ; & laiffe fans reffource
Son Maître, maudiffant l'air peftilentiel,
Et qui Fuyant difoit : Ah ! de cette Chrétienne
  Devois-je pas me défier,
   Et prévoir que le trou culier
   D'une fémelle Italienne,
   Ne pouvoit être qu'un évier.

## LA PERTE RECIPROQUE.

UN Procureur à *Nanon* sa voisine
Fit un emprunt d'un meuble de cuisine;
D'un grand chaudron, qu'elle ne revit plus.
Pour le ravoir ses soins furent perdus.
Devant le Juge, elle l'appelle en forme;
  Le Procureur, de pure vision,
Traite l'emprunt, & conclut que Nanon,
  Soutient un mensonge énorme.
Point de témoins. On le met au serment;
Procès par lui gagné conséquemment;
  Car, sans délai, levant sa main infâme,
  Il jure. Ah! malheureux fripon,
   Lui dit-elle, tu perds ton ame;
   Et toi, dit l'autre, ton chaudron.

## A MADAME
# LA MARQUISE DE B***

*Le jour de Sainte Catherine.*

VOTRE Patrone, adorable Marquife,
Etoit pucelle, & vous ne l'êtes pas ;
Des biens du Ciel fon ame étoit éprife ,
Et vous n'aimez que les biens d'ici bas.

Elle prêcha de Jefus la Doctrine ,
Et lui gagna quelques faibles Payens ;
Vous détruifez ce que fit Catherine ,
Au Dieu d'Amour vous gagnez les Chrétiens.

Par fa ferveur , fon efprit, fa fcience,
Elle vainquit les plus favans Docteurs;
Par vos beaux yeux & leur douce éloquence ,
Vous captivez & nos fens & nos cœurs.

Comme martyre on l'invoque à l'Eglife ,
Comme martyrs nous vous invoquons tous ;
Elle mourut pour fon divin Epoux ,
. . . . . . . . . . pour vous, belle Marquife.

# LES DEUX OUTILS,

## *CONTE.*

Damis, d'une Dame galante
Sollicitoit le cœur, ou plutôt les faveurs ;
Mais elle, réservant à d'autres ses douceurs,
    Répondoit mal à son attente.
    Attentions, soins assidus,
    Présens mêmes , étoient perdus.

    Damis comprit que sa figure
    Faisoit qu'il étoit mal venu.
Nez camus, jambe frêle, & corps de mince al-
    lure ,
Disoient assez qu'en lui tout étoit trop menu.
Or ce qui n'avoit pas assez de consistance,
    De la Dame blessoit le goût ;
    Le seul aspect poussoit à bout
    Sa naturelle répugnance.

    Eh, bien ! dit-il , puisqu'il le faut,
Grossissons les objets , corrigeons la nature,
    J'aurai recours à la sculpture ,

Qui mettra ses yeux en défaut ;
En me prêtant son imposture.

Dans sa tête un projet n'entroit point vaine-
     ment ;
Et l'ivoire bientôt d'un engin mâle, énorme,
Sous la main du Sculpteur prit la taille & l a
     forme,
          Muni de ce bel instrument,
Au détour d'une rue il guette le moment
          Qu'il plût à la belle de mettre
          Ses deux beaux yeux à la fenêtre,
          Il eut bien-tôt contentement,
          Car toute femme aime à paroître.
Lors contre un mur voisin se postant prompte-
     ment,
Comme tout homme fait pour vuider son
          Urètre,
          Il fit montre malignement
          De l'outil imposteur & traître,
Qui, creusé par l'Artiste, accordoit librement
          Passage au liquide élément.

Quelle femme à ce trait ne se seroit méprise ?
          Aussi la Belle, en souriant,
          Jetta sur ce morceau friant
          Des yeux ardens de convoitise,

Damis fut appellé soudain ,
Et fans perdre le temps envain ;
Elle ouvrit la porte cochère ,
Comptant de recevoir en plein
Un géant ; mais , hélas ! elle reçut un nain.
Qu'eft-ce ceci ? dit-elle , en colère ,
Qu'avez-vous fait de cet engin ,
Que vous teniez dans votre main ?

Ah , Madame ! dit-il , apprenez à connoître :
J'ai deux outils , l'un pour piffer :
C'eft celui que vos yeux ont vû de la fenêtre ;
Et l'autre me fert. . . . pour ce qu'on peut
penfer :
C'eft celui maintenant que vous fentez peut-
être.

CONTE

# CONTE

## *EPIGRAMMATIQUE.*

CERTAIN Pédant fut choisi par un Fat
Pour vanter ses hauts faits & son vaste génie,
Sans avoir fait marché, la besogne finie ;
  Entre eux survint un grand débat.
  Sur le prix le Fat se récrie ;
Payer si cher des Vers! c'est une mocquerie,
Pour le Particulier il faut être plus doux.
Monsieur, dit le Pédant, vous êtes bon & sage ;
Faites attention, s'il vous plaît, à l'ouvrage ;
Je ferois moins payer *Pierre le Grand* que
  vous ;
J'eusse, pour le louer, mis en Vers son His-
  toire ;
  Mais pour vous j'ai fait du nouveau ;
Et foi d'homme d'honneur, en chantant votre
  gloire,
  J'ai tout tiré de mon cerveau.

D

# MADRIGAL

### *A MADAME GALI.*

ALLEZ, diſoit Venus au petit Cupidon,
Viſiter la belle Glicère ;
Allez joindre les ris, les Graces, Apollon,
Occupés du ſoin de lui plaire.
Non, dit l'Amour, diſpenſez-m'en ;
Je ne veux plus viſiter cette blonde,
Je lui ſuis trop indifférent ;
Elle me donne à tout le monde,
Et jamais elle ne me prend.

# AUTRE

*Imité de Platon.*

Q̃UE j'aime tes baisers, aimable Mélicerte!
Qu'ils sont tendres, charmans! qu'ils donnent
    de plaisirs
Ces baisers que je prends sur ta bouche en-
    tr'ouverte,
D'où sort un air plus doux que celui des zé-
    phirs!
    Je sens que mon ame inquiéte,
Pour goûter de plus près la volupté parfaite,
    Sur mes lèvres vient se placer ;
C'est là que le plaisir pour un moment l'arrête,
Mais déja sur ta bouche elle est prête à passer.
    Ah! charmant objet que j'adore,
    Je ne puis plus la retenir.
    C'en est fait... un baiser encore...
    A la tienne elle va s'unir.
Quel prodige! cédant au feu qui la dévore,
    Elle m'échappe en ce moment.
    Mais, hélas! j'en crai ns peu la perte,

Puisque je ne mourrai que pour moi seulement,  
Et qu'en toi , chere Mélicerte ,  
Je vais vivre éternellement.

---

# LA FEMME

## *SCRUPULEUSE.*

**L**ORSQU'UNE Femme arrive à ce fatal  
moment,  
Où l'ame va sortir de l'étroite cellule,  
Faite de chair & d'ossement ,  
Elle sent en son cœur s'élever maint scrupule ,  
Et se rappelle tristement  
Ce qu'elle a fait joyeusement.

La Dame *Alix* étoit mourante,  
Et dans son lit très-répentante  
D'avoir fait son mari cornu ,  
En devenant autrefois mere ,  
D'un Enfant au monde venu ,  
Sans qu'il se fût jamais mêlé de cette affaire.

Dans l'état où je suis, dit-elle à son époux,  
Il faut vous reveler une injure secréte ,

Que ma faiblesse vous a faite.
N’allez pas vous mettre en courroux ;

Le chagrin qu’en ressent mon ame,
Vous venge assez de votre femme.

Un jour, que je mets, pour nous deux,
Au nombre des plus malheureux,
Il me prit le désir d’aller à notre vigne,
Sans avoir, je vous jure, aucune intention
D’y faire rien qui pût me rendre indigne
De porter jamais votre nom.
J’y trouvai le jeune *Simon*,
Qui, par fortune, cette année,
Payé par vous à la journée,
Se trouvoit votre Vigneron.
Il fut hardi, je fus soumise,
Il faisoit des provins, il m’en fit un si bon,
Et qui fut de si bonne prise,
Qu’il en vint un joli poupon.
Hélas ! cet enfant vit encore,
C’est celui que vous aimez tant,
Je l’aime pour le moins autant ;
Mais sa naissance je l’abhorre.
Le nommerai-je à mon époux
Cet enfant qui le croit son pere ?

C'eſt.... Quel aveu vais-je faire !
C'eſt *François*, qui n'eſt pas à vous.

Cet aveu du bonhomme embarraſſa la tête ;
Mais ayant réfléchi ſur ce cas malhonnête ;
Alix , dit-il , ſans contredit ,
N'eſt-il pas vrai que , cette année,
Simon faiſoit à mon profit ,
Tout le travail de la journée ?
Le provin alors qu'il vous fit ,
Et conſéquemment le produit
De ſes œuvres faiſant partie ,
Me ſont acquis de bonne foi ;
Je les ai bien payés , ma mie ,
Or donc François eſt bien à moi.

# MADRIGAL

## A MADAME LA MARQUISE DE F***

*Sur son arrivée à Toulouse.*

Le petit Dieu qu'on adore à Cythère,
Ce Dieu qui sous ses loix soumet tous les hu-
    mains,
    Promit, un jour, aux Toulousains,
    De leur montrer, dans peu, sa Mère.
Mais, Venus ne pouvant s'absenter de sa Cour,
    Dit à son fils : montre leur cette Belle,
    Qui fait à Castres son séjour,
    Et sois sûr qu'ils verront en elle
    Vénus, les Graces & l'Amour.

# L'OUTIL BENI.

Dans le Palais de leur Pasteur,
Les Ouailles alloient amuser Monseigneur,
Qui, pour le salut de leur ames,
Y rassembloient les jeunes Dames.

Devotement en ce saint lieu,
On faisoit bonne chere, on se livroit au jeu.
Le Prélat gros & grand laissoit par indo-
lence,
Et sa soutane ouverte & sa braguette aussi,
Et se donnoit peu de souci
Si son outil sacré de longue consistance
Forçoit la barrière & l'abri
Où le renfermoit la décence.

Un jour, de joyeuse séance,
Quatre Dames au Reversi,
Passoient leur temps en patience,
Notre Prélat debout derriere le fauteuil
De la plus gentille Joueuse,

Jugeoit de son savoir , & voyoit d'un coup
      d'œil ,
Si l'Art aidant le sort la rendoit plus heureuse.

Adonc l'engein béni plein d'un autre des-
      sein
    Et rompant tout à coup le frein ,
Se braque sur l'épaule en posture mutine.
    Ne croyez pas Lecteur malin
Qu'alors avec l'auteur d'une telle insolence ,
    Le Prélat fut d'intelligence.

    L'homme d'Eglise est plus discret ;
    Et n'a d'audace qu'en secret.

    Cependant les autres fémelles ,
    Appercevant l'audacieux ,
    Vouloient en détourner les yeux ;
Mais un penchant plus fort obligeoit leurs pru-
    nelles,
De retourner sur lui leurs regards curieux.
    Distractions continuelles ,
Propos interrompus , coups d'œil mysté-
   rieux ,
    Jeux perdus , fautes mutuelles ,

Firent que la partie alloit *cahin, caha ;*
         On ne voyoit de Quinola
Que celui du Prélat qui troubloit les cer-
         velles.
Enfin tant bien que mal le Reverfi prit fin
Et le Prélat ayanr retiré fon engein ,
Nos Dames, de parler qui, de toute leur vie,
         N'avoient jamais eu tant d'envie,
Sortirent du Palais ; & le long du chemin ,
L'as-tu bien vû, dit l'une ? Et quoi, répondit
         l'autre ?
         Ce beau joujou de notre Apôtre.
Ah ! dit l'interrogée avec émotion ,
         Un autre te diroit que non ,
         Mais, avec toi, je ne puis feindre ;
Oui, je l'ai fi bien vû que je faurois le pein-
         dre.

# LA FEMME FORTE.

Pendant un an d'union conjugale
Olimpe n'avoit point fait bréche au Sacrement,
   Et c'est beaucoup assurément.
Oui, disoit-elle, un jour, toute l'espéce mâle
   Hors mon Epoux, ne m'est plus rien.
    Par fortune, je voudrois bien
    Que quelqu'un se mit dans la tête,
    De vouloir faire ma conquête,
Le malheureux cent fois maudiroit ses des-
     seins
    Et par avance, je le plains.

    Dans ces sentimens d'héroine,
Sur le penchant du jour notre femme d'hon-
    neur
    Vers le bois voisin s'achemine,
    Pour y respirer la fraîcheur.

    Un Bucheron, ce jour là même,
Payé par cet Epoux si tendrement aimé
    D'un bras, par le gain animé,
    Signaloit sa vigueur extrême.

Elle s'avance vers le bruit.
La curiosité, fille de l'imprudence,
     Rarement au bien nous conduit.
     Or, la nature avoit conſtruit
     Avec grand ſoin & complaiſance
   . Le Bucheron, dont la préſence
De la Dame d'abord étonna les regards.
     C'eſt donc toi, mon ami, dit-elle,
Par qui ſont abbattus tous ces ormes épars ?
Oui, Madame, dit-il ; je travaille, avec zéle,
     Pour tous ceux qui, comme Monſieur,
Veulent mettre à bon prix le travail & la
          peine ;
Entre les Bucherons qui ſont dans cette plaine,
Il a fait choix de moi comme étant le meil-
          leur,
     Et c'eſt pour moi beaucoup d'honneur.

C'eſt bien fait, mon ami, gagne bien ton
          ſalaire,
Reprit la Dame, auſſi puiſque j'ai le loiſir,
     Je veux me donner le plaiſir

Juſqu'à la fin du jour, de voir ton ſçavoir faire.
     Je te promets qu'à mon mari
     Je ne manquerai d'être prompte
     De ton travail à rendre compte,
     Et tu n'en feras pas marri.
                              Jugez

Jugez fi le garçon prit vite la cognée,
De fes coups redoublés retentit la forêt,
Non jamais bûcheron qu'anime l'intérêt
Plus vigoureufement n'accomplit fa journée.
 De fes efforts prodigieux
 Dignes d'éternelle Mémoire,
 Lecteur tu jugeras bien mieux ,
Si tu veux achever de lire cette hiftoire.

Olimpe cependant fans trop bien arranger ,
Sa juppe & fon fichu fe repofoit fur l'herbe ,
 Car fon cœur étoit trop fuperbe
Pour croire en cet état courir aucun danger.
 De-là confiderant fans ceffe
 Du garçon la force & l'adreffe ,
Les mufcles de fes bras fermes & vigoureux,
 Et les diverfes attitudes
 Qu'en frappant les coups les plus rudes,
 Prenoit fon corps fouple & nerveux ;
Elle difoit tout bas : grand Dieu que c'eft
  dommage
 Que le beau garçon que voilà
 De la force ne faffe ufage
 Qu'à cet ignoble metier-là ?

 De fon côté le jeune drôle
 De l'œil jouoit fort bien fon rôle ;

E

L'orgnoit de son mieux ; mais zéphire en-
dormi
Ne soulevoit la juppe qu'à demi.
L'amour vient à son aide , & d'un coup de son
aîle
Enlevant à propos chemise & cotillon
Lui met à decouvert la gentille chapelle,
Où l'on ne reçoit bien d'offrande qu'en son
nom.

A cet aspect rien ne resiste.
Du bûcheron l'élastique instrument
Ne peut se contenir, se montre à l'improviste
Et demande en fureur un autre logement.

Son beau maintien , son encolure
Firent honneur au beau garçon.

Olimpe contemplant son énorme structure
Ne sortit d'admiration
Qu'en voulant de plus près voir sa dimension.

Je lis , dit-elle, en ta pensée :
Tu crains de m'avoir offensée ,
Viens donc près de moi , viens mériter ton
pardon.
Si l'apparence ne m'abuse

Avec toi, mon ami, tu portes ton excufe.
Elle n'eut pas befoin deux fois de le prier.
Voyant que le drôle s'accroche,
Le bon hymen eut beau crier :
*Ma belle Dame, au cœur de roche,*
*Sortez, fortez, du bois l'heure fatale approche.*
Elle n'entendit rien ; l'honneur & la raifon
Se perdirent fur le gazon.

De fon ardeur enfin pour effacer la honte,
Sans prendre du repos, on dit que le garçon
Obtint cinq pardons de bon compte.

Il obtint encor d'autres plus d'une fois,
Car eft il befoin que j'ajoute
Que ni l'un ni l'autre du bois
De long-tems n'oublia la route.
Enfin on procéda fi bien
Que la fiére Climpe fut mere
D'un enfant que l'Epoux prit fans doute pour
fien.
N'eft-on pas bien heureux, fans fe méler de
rien,
Tout à coup de devenir pere ?

O vous qui portez un grand nom,
Et croyez, fur la foi de vos chartres anciennes,

Conserver le sang pur d'une illustre maison,
Rabattez votre orgueil , peut-être dans vos
veines
Coule le sang d'un bûcheron.

*F I N.*

# TABLE.

# LA SOUPENTE,

## CONTE.

# LA SOUPENTE,

## *CONTE.*

Dans le lit nuptial après maintes façons,
Au pouvoir d'un lourdaut, Perette abandonnée
S'attendoit aux plaisirs que promet l'hymenée ;
Car malgré l'innocence on a certains soupçons.

On pleure, on crie, on se lamente
Au moindre mouvement que veut faire un époux ;
Mais s'il laissoit en paix reposer l'innocente,

Ce seroit bien autre peine entre nous.

Témoin notre épouse nouvelle,
Modestement tapie au bord de la ruelle,
Dans le ferme projet de faire le Dragon,
Si Blaise seulement lui prenoit le menton,

Et qui voyant le discret personnage

A ij

A l'autre bord du lit établir son quartier,

Ne put tenir son fier ; & le cœur plein de rage

   Venoit aventurant près du sot écolier ,

D'abord un bras, un pied , puis le corps tout entier.

   Point n'entendoit le pauvre sire

Ce que vouloit l'amour & permettoit l'hymen ;

   Ce que sa femme vouloit dire

   En lui serrant les genoux & la main :

Il alloit s'endormir , lorsque notre épousée

   Prit le parti, de crainte d'accident,

   De s'expliquer , sans doute en bégaiant,

( Car enfin femme encor doit être embarrassée. )

» Eh bian ! que ferions-nous , là pour rire un instant ?

» Qu'en dis-tu Blaise ?... Oh oui ! c'est fort bian dit

   voirment :

   » Eh bian ! voyons , queu divertissement ?...

» Un jour de nôce il faut une fête complette ;

» Allons. Et de sauter du lit de la pauvrette.

» Où cours-tu ?.. Laisse moi... mais encor.. quelque sot.

   » J'ons des pommes dans la soupente ,

» Tu les aimes , j'y vole , & tu seras contente :

   » Vois-tu , j'entends à demi-mot.

Notre benêt monte à l'échelle,
Sa femme furieuse est bientôt sur ses pas,
Tire d'abord l'échelle à bas ,
» Charche nigaud , charche, dit-elle,
Et puis se remet dans ses draps.
Un bon vivant , sûr de plaire à la belle ,
Qui pour se divertir un peu
S'étoit caché dans la ruelle,
Voyant qu'amour lui faisoit si beau jeu
Sort brusquement de sa cachette,
Se glisse au lit de la fillette
Et d'un baiser vous accole Perette ;
» Paix , lui dit-il , paix , c'est Lucas ,
» A mes transports ne te dérobe pas ,
» C'est un bon compagnon , un amant qui remplace
» Un mari sot , & tout de glace.
Perette volontiers auroit fait les hauts cris ,
Mais elle eut éveillé sa mere
Qui couchoit, voyez-vous, dans le même taudis ;
Le plus prudent étoit donc de se taire ,
Et Perette se tut. Perette se taisant ,

A iij

Lucas va ſon chemin, Lucas marche en avant,
Et tandis que bloti dans la ſoupente,
Ne penſant pas à ſon malheur,
L'époux cherche des fruits, l'amant ceuille une fleur
Qu'avec raviſſement lui céde ſon amante.
La bonne mere aux écoutes étoit,
» Eh mais ! pas trop mal ce me ſemble,
» Blaiſe n'eſt pas ſi ſot qu'on le contoit,
» En beſogne il va tout fin droit ;
» Pour ma fille plus je ne tremble ;
» De ce train - là, tredame, y moudront bian en-
ſemble.
» Bon, diſoit-elle, au plus foible ſoupir
Que l'amour arrachoit à Lucas, à Perette :
Au moindre bruit de la couchette,
» Bon, toujours bon.... queu nôce, queu plaiſir.
» Eh puis ma fille eſt raiſonnable,
» Y ſont fort bian ſur ce ton là,
» Il eſt preſſant, alle eſt traitable,
Y ne diſont plus rian.... Ma fi les y voilà.
Bien juſte au fond, penſoit la bonne dame,
Préciſément l'affaire en étoit là,

Mais l'époux n'avoit part à ce grand opera ,

Le benêt ramaſſoit des pommes à ſa femme.

Chargé comme un mulet , enfin le bon chrétien

   Cherche l'échelle & ne trouve plus rien ;

Il appelle Perette , & puis ſa belle-mere :

Perette ne dit mot , fait ſortir ſon galant ,

Mais ardente à ſavoir tout le fond de l'affaire ,

La bonne mere , helas ! qui croit chacun content ,

   A ſon beau-fils répond en demandant

      » Quelle nouvelle.... es-tu bien là mon gendre ?

        » Oh ! palſanguienne en varité

          » J'y fis monté ,

        » Mais je ne ſais comment deſcendre ;

        » Eh ! gliſſe toi , nigaud , ſur le côté ;

» Sur le côté.... voirment voilà tout le myſtere ,

» Grand marci... pa ta tra , mon benêt tombe à terre ;

Au bruit de cette chûte , aux cris de mon lourdaut ,

    Mere effrayée , & fille en peine ,

    Du lit à bas ne font qu'un ſaut ,

Et vont , ſans ſavoir où , comme la peur les mène.

A iv

Une lumiere enfin, vient les rassembler tous,

Et montre à la mere étonnée,

Blaise étendu loin du lit d'hymenée,

Et tombé du plus haut que ne tombe un époux.

» Eh mais ! lui dit la mere impatiente,

» Quel saut as-tu donc fait ?... Le saut de la soupente.

La mere regarda Perette & la comprit ;

Femmes ont pour s'entendre un merveilleux esprit ;

Et l'époux seul, plus sot que d'ordinaire,

Froissé, raillé, trompé, fut se remettre au lit,

Sans rien comprendre à cette affaire.

# LES DEUX
# JEUNES AMANS,
## *STANCES.*

CHERCHEZ au loin de faux plaisirs,
Les miens sont purs avec Glicere ;
Mon cœur ne forme de desirs
Que ceux qui tendent à lui plaire.
Sans avarice & sans orgueil,
Je foule aux pieds, rang & richesse,
Je n'ai besoin que d'un coup d'œil,
Et d'un baiser de ma maitresse.

C'eſt Junon pour ſe préſenter ;
Terpſicore, quand elle danſe ;
Euterpe, quand il faut chanter,
Et Minerve quand elle penſe ;
Regardez-là, c'eſt la beauté
Qui ſourit avec innocence ;
Dans la nuit, c'eſt la volupté,
Et dans le jour, c'eſt la décence.

Sous un dèshabillé galant,
En corſet, en mule élégante,
Le chignon ſur le dos flottant,
Je vois le matin mon amante :
Dans ce moment cher à mon cœur,
Qui me rend tout ce que j'adore,
Glicere a l'éclat d'une fleur
Que l'amour vient de faire éclore.

Le goût & la simplicité
Règnent toujours à sa toilette,
Vous n'y voyez rien d'aprèté,
C'est une fleur pour toute aigrette.
Les vains artifices de l'art
Sont des secours ignorés d'elle ;
La nature est un plus beau fard ;
En se levant Glicere est belle.

Comme elle se pare pour moi,
Qu'elle est sensible & point coquette,
Elle me charge de l'emploi
De présider à sa toilette.
Allons, dit-elle, en folâtrant,
Rends-moi plus belle pour te plaire ;
J'y réussis en l'embrassant :
La pudeur embellit Glicere.

Je prends & baise ses cheveux,
De cent façons je les arrange ;
J'ai beau mal faire, elle en est mieux
C'est un lutin beau comme un Ange.

Elle regarde à son miroir ;
N'en faites point honte à Glicere,
Ce n'est jamais que pour y voir
De quel œil je la considere.

Je lace ensuite son corset,
Quel feu dans mes veines se glisse !
Vingt fois l'amour rompt le lacet
De crainte que je ne finisse.
Ah Dieux ! le plaisir ravissant,
Que de lacer gentil corsage !
J'en fais le soir un plus touchant ;
C'est de défaire son ouvrage.

Ces soins, ces doux amusemens,
Amenent l'heure de la table;
On se contient devant ses gens,
On prend un maintien raisonnable,
On entrelace les genoux,
On cherche un pied que l'on attrape,
Et l'amour riant en dessous,
Folâtre à l'ombre de la nape.

Le dîner fait, près d'elle assis,
Dans une muette éloquence
Je fixe ses yeux attendris
Que lui fait baisser la décence.
Est-il un brillant entretien
Qui vaille ce charmant silence?
On parle quand on ne sent rien;
Mais on se tait quand le cœur pense.

Glicere qui craint ce moment ;
( Une amante est toujours timide, )
Me fait d'abord malignement
Tenir du lin qu'elle dévide.
Sa main tourne autour de mes bras,
Son sein vient chercher mon hommage ;
Pour se tirer d'un embarras,
Le beau projet que cet ouvrage !

Je plonge un regard libertin
Sur un beau sein qu'amour anime ;
Glicere surprend mon larcin,
Et d'un soufflet punit mon crime ;
Va se jetter dans un fauteuil,
De ses mains couvre son visage,
Et regarde du coin de l'œil
Comme je prends ce badinage.

Je feins de bouder un moment
Pour attirer vers moi Glicere ,
Qui connoît trop bien son amant
Pour avoir peur de sa colere ;
Elle prend un air gracieux ,
Vole à moi , dans mes bras s'engage ,
Et d'un soufflet injurieux
Par vingt baisers me dédommage.

Elle a cent caprices charmans ,
Elle pleure , rit , boude & chante ,
Saute dans ses appartemens ,
Pince sa guittare & m'enchante ,
Fuit , reparoît comme une éclair ,
Prend des cartes , me donne un livre ,
Et puis jette le tout en l'air
Pour m'inviter à la poursuivre.

Je la pourfuis , & je l'atteins

Dans un lieu fûr pour ma vengeance,

Où l'amour qui fait mes deffeins

Va couronner mon efpérance :

Dans mes bras j'ofe la faifir,

De mille doux noms je l'appelle ;

Elle rougit , pouffe un foupir,

Je tire le rideau fur elle.

# F I N.